LUGAR

Pepitas de calabaza s. l.
Apartado de correos n.º 40
26080 Logroño (La Rioja, Spain)
pepitas@pepitas.net
www.pepitas.net

Edición al cuidado de José Ig. Foronda

ISBN: 978-84-19689-44-3
Depósito legal: LR-195-2026

Primera edición, marzo de 2026

LUGAR

Antología de poetas
de la revista *Lares*

«Y no acudiré nunca a la cita feroz de la nostalgia».

Roberto Iglesias

LA COFRADÍA DE LA REVISTA *LARES*

NO CREO QUE SEA exagerado decir que la presentación del primer número de la revista *Lares* (el 2 de julio de 2023, en el bar Odisea, de la logroñesa calle de María Teresa Gil de Gárate) marcó un significativo punto de inflexión en la algo monótona vida literaria logroñesa. La aparición de un grupo de jóvenes escritores (algunos de ellos también músicos) con una propuesta literaria de enorme interés, vinculados de una forma u otra con la Universidad de La Rioja (buena parte de ellos son alumnos de la facultad de Filología) y encomendados al patrocinio de cierta tradición regional bajo esa curiosa advocación, la del «lar» (hogar y deidad del hogar, de la tierra natal, en este caso), no podía resultar por menos que sorprendente en unos tiempos como los del presente, en los que la exposición fugaz en las redes sociales de un pensamiento blando y autorreferencial, a más de frecuentemente carente de sustancia alguna, ha promovido la sucesión de varias generaciones de jóvenes medio ágrafos, educados en un adanismo enfermizo, lectores de sí mismos y de nadie más, y cuyas producciones textuales provocan mucho más hastío que interés.

En la nota que precedía a ese primer número de la revista de julio del 2023, Manuel Sancha, uno de los más jóvenes «laristas», exponía con cierto tono de perplejidad que «en ocasiones parece que estemos determinados a repetir las palabras, las ideas y los temas de los otros», confesión de parte que pone en evidencia que esta insólita cofradía de autores se sabe inserta en una tradición, lo que no es poco. Una tradición que recoge, al menos nominalmente, la herencia de la chilena «poesía lárica», que tuvo como inventor y padre al inolvidable Jorge Teillier, escuela de contornos vagos y difusos, afirmada, en palabras de su inventor, «en el mundo del orden inmemorial de las aldeas y de los campos, en donde siempre se produce la misma segura rotación de siembras y cosechas, de sepultación y resurrección, tan similares a la gestación de los dioses y los poemas». No es extraño que algunos de los poetas de la revista *Lares* tengan en la alta estima que merecen a autores como Roberto Iglesias, padre (junto a Manuel de las Rivas) de la poesía riojana moderna, o al poeta najerino Desiderio C. Morga, quizá el más arraigado y cordial poeta de su generación, y el más afín a la estética nostálgica y provinciana de los «láricos» chilenos.

Por otra parte, dos magisterios paralelos han marcado el nacimiento y el desarrollo de este grupo de poetas y de su revista. De un lado, el de Maite González de Garay, profesora en la Universidad de La Rioja y brillante especialista en literatura hispanoamericana. De otro, el de Coke

Martínez, poeta singular y divertidísimo juglar, cuya guadianesca trayectoria literaria se inició en la antología *Materia prima* (en 2002) y cuyo primer libro, *Golmajerías*, vio la luz tan tardíamente como en 2023, un par de meses después de la aparición del primer número de *Lares*. El autor de *Golmajerías* ha ejercido tanto de hermano mayor como de maestro, y su presencia en esta antología tiene obvia relación con esa doble condición.

Coke Martínez, Nicolás S. Sancha, Iñigo Mesonada, Nahia Font, Aleksandra Ziółkowska, Eduard A. Constantin, Diego Soto, Manuel Sancha y Anastasiia Prokovskaia forman el núcleo principal de autores de la revista, y sus creaciones han visto la luz en los tres números de la misma publicados hasta el momento, en varias revistas literarias (logroñesas, madrileñas y granadinas) y en los abundantes recitales que han protagonizado unos y otros (en Verso, las desparecidas Jornadas de Poesía en Español de Logroño, en el Café Bretón, en la cafetería Estudio, en el festival arnedano Aqueteleo, en la cervecería Odeón Mercado, etc.). Porque, y ese es uno de los rasgos distintivos de la cofradía de los «laristas», se trata de autores que disfrutan leyendo poesía en alta voz, una insólita afección del espíritu que algunos viejos aficionados no podemos dejar de agradecer.

Pese al asombroso camino «colectivo» recorrido por el grupo en los últimos dos años, la poesía de unos y de otros tiene bien poca cosa en común, y no existe entre ellos nada parecido a una «poética» compartida. Los dos «senior» (Coke Martínez y Nicolás S. Sancha, que también acaba de publicar su primer libro, *Largo adiós*) son poetas de fuerte impronta personal: humorística y variopinta hasta el manierismo, en el caso del primero, y cautamente neorromántica en el caso del segundo. Un intimismo reflexivo, teñido a menudo de un melancólico humor, preside las creaciones de E. A. Constantin, nacido en la vetusta villa rumana de Constanza (la Tomis de Ovidio) y riojano de adopción y devoción, y de la bilbaína Nahia Font, aunque los dos lo conjuguen con la imaginería urbana de un Logroño nocturno, ligeramente espectral, también muy presente en los versículos de estirpe simbolista de Iñigo Mesonada; Diego Soto, el más «filólogo» y el más «barroco» de todos los «laristas», infatigable creador de apócrifos, que va y viene entre la trascendencia y el humor, sin solución de continuidad las más de las veces. Y, en fin, los jovencísimos Manuel Sancha y la rusa de origen Anastasiia Pokrovskaia, dos voces purísimas, magistralmente empeñadas en la construcción de esa otra «patria imaginaria» que es la identidad. Mención aparte merece la polaca Aleksandra Ziółkowska, la Ola de este parnasillo provincial, cuyos textos sugestivos y broncos, originalmente escritos en polaco y traducidos por ella misma, se solapan felizmente con los de sus compañeros de viaje, aportando al conjunto una voz poderosa y llena de energía y gracia.

Poetas diversos, rapsodas insomnes, lectores endiablados y conversadores inagotables, la «cofradía de los laristas» ha tenido la generosidad y el buen sentido de acoger, además, en las páginas de su revista a un variadísimo elenco de autores de otras latitudes y otras generaciones (españoles, como María Martínez Bautista o Juan Carlos Elijas; cubanos, como Laura Domingo y Sergio García Zamora; mexicanos, como Francisco G. Jassi; o argentinos, como Pablo Anadón y Ezequiel Zaidenberg), aparte de una amplia y variada representación de autores riojanos, que van desde Manuel de las Rivas y Alejandro Montiel a Lidia Perchín o Adrián Ruiz.

A falta de una «poética compartida», lo que une a los «laristas» es, para mi gusto, algo mucho más sustancial: el amor por la poesía, la amistad inquebrantable, la pujante alegría juvenil que han sabido transmitir en cada uno de sus proyectos y en todas sus apariciones públicas, y que han convertido a un nutrido grupo de conciudadanos, entre los que es un honor contarse, en apasionados devotos de sus creaciones, de sus actividades y de esa ejemplar pasión por la literatura que los ilumina.

Alfonso Martínez Galilea

Eduard A. Constantin

Eduard A. Constantin (Constanța, Rumanía, 2002)
Mi lugar siempre fue un entre: entre la nada y el deseo, entre la imagen y el tacto. El cuerpo de amor que habito entre los bares donde fui, mi eterna infancia. La melodía que persistirá cuando los pájaros que enhebran mi corazón decidan callar.

MARTIN EDEN

Siempre soñé con escapar
de esta ciudad de provincias,
donde el viento barre la misma esquina
y el futuro es un buzón oxidado.

Escuchaba a Morricone desde mi balcón
mientras pensaba: «Saldré de aquí,
lo prometo, escribiré, seré alguien».

Pero nunca lo hice.
Yo me quedé.
Sin épica.
Sin mensaje motivacional.
Simplemente, me quedé.

Todos se fueron.

Los vi construir vidas como casas prefabricadas,
con trabajos de lunes a viernes,
con coches que sabían conducirse solos,
con sábados de barbacoa y rutas de senderismo.
Los vi brillar.
Y los aplaudí desde la sombra
como un acomodador sin palco.

No fue por miedo.
Fue por no tener cómo.
Por creer que todavía era posible salir
desde una mesa con una bombilla colgando,
desde un teclado con heridas de infancia.

Yo seguía aquí.
En la misma calle donde el bar cambiaba de nombre,
pero no de camarero.
Con el mismo cuaderno,
la misma silla
y esa certeza
de que algo grande estaba por llegar
y era cuestión de aguantar un poco más.

Soñaba con un lector,
con una habitación donde alguien,
después de un mal día,
abriera un libro mío
y dijera en voz baja:
«Esto también me pasa a mí».

Pero nadie me leyó.
Los correos eran pájaros desplumados de ilusiones.
Mis poemas empezaron a parecerme
esquelas con mi nombre,
pequeños naufragios cotidianos.

Y yo seguía ahí...
pegando facturas a la nevera
con imanes de paisajes que nunca pisé.

Ahora ya no soy una joven promesa.
No tengo obra.
No tengo casa.
No tengo país.
Solo estas palabras
que escribo sin mucha fe.

Mis amigos se fueron a grandes ciudades.
Tuvieron éxito.
Yo, en cambio, aprendí a mirar por la ventana
y distinguir las estaciones por el olor del polvo.

A veces me cruzo con alguno que volvió
y me habla de los inviernos en Madrid,
de los talleres de escritura,
del sueño americano,
del «para ser alguien hay que salir de aquí»
y me pregunta si sigo escribiendo.

Yo sonrío.
Digo que escribo menos,
que ahora leo más,
que me gusta el silencio.

Pero miento.
Sigo escribiendo febril como un niño,
arrojando botellas al mar
desde el centro exacto de la tierra.

Como si aún hubiera un idioma capaz de traducir
aquello que nunca pudo salvarse.

REBOTAR ETERNAMENTE

«Entre dos oscuridades, un relámpago».
Vicente Aleixandre

Y aunque la oscuridad me reclame,
aunque sus dedos fríos
intenten arrastrarme de vuelta al silencio,
estoy aquí.

Aquí estamos.

Un instante de luz
en el corazón de la nada,
un relámpago breve
capaz de incendiar siglos de vacío.

Tal vez somos los restos de una estrella
que decidió escribir poesía,
átomos errantes
que aprendieron a amar.

Quizá Todo,
sus galaxias remotas,
sus implacables leyes,
conspirara en secreto

para que esta tarde exista,
para que mi voz tiemble ahora
al decir tu nombre,
para que dos estremecimientos
coincidamos en el parpadeo del otoño.

Puede que vivir
no consista en vencer al tiempo
ni en comprender su sentido,
sino en encender pequeñas hogueras
en la noche inmensa,
en dejar una brizna de calor
frente al frío de la muerte.

Instante... este instante.

Un latido.
Una semilla de infinito
plantada en tierra baldía.
Y aunque el viento intente apagarla,
aunque el abismo anhele
nuestra esencia natural,
la oscuridad que fuimos, la oscuridad que seremos,
ha sido perturbada por un hálito de amor.

Porque entre dos infinitas noches,
un relámpago deja su huella.

Y tal vez,
algún día,
cuando ya no quede memoria de nosotros,
cuando la luna haya olvidado nuestros nombres,
la música que fuimos
vuelva a sonar en otra conciencia,
en otra lágrima,
en otro destello.

Y la luz,
la luz seguirá encendiéndose,
una y otra vez,
como la única respuesta posible
al silencio eterno.

Quiero verte cambiar conmigo
como cambian las aceras cuando llueve,
como cambia la luz a media tarde
entre febrero y septiembre.

No me hace falta la gran escena:
me basta con verte bajar
una mañana de abril
con chaqueta fina
y otra de enero
cubierta de lana hasta los ojos.

Quiero salir contigo del teatro
cuando el aire huele a jazmín
y la noche es un mantel tendido.
En navidad
buscar un puesto de castañas
y ver cómo tus manos,
rojas de frío,
aprenden a temblar en las mías.

Deseo ver cómo el otoño
pone una bufanda naranja al cielo,
cómo octubre enciende los árboles

con fuego de cobre,
cómo noviembre sopla
las velas de tu cumpleaños.

Quiero que agosto se acabe contigo,
con esa prisa melancólica
de quien teme perder la luz
y sabe que todo lo hermoso
lleva un calendario en la piel.

Porque el tiempo es solo el cuerpo que me ofreces
para atravesar los inviernos,
el agua que guardas en la mirada
cuando llueve en marzo,
la fruta tibia de tu voz
cuando emigra la esperanza.

Todo lo demás puede borrarse.
Me bastaría con caminar detrás de ti
viendo cómo tu sombra
se alarga y se encoge
al ritmo del sol,
como si el año entero
no fuera más que un latido
y todas las estaciones cupieran
en el hueco exacto de tu mano.

LO RECUERDO EN SUEÑOS

«Ahondar en toda la belleza de la realidad
hasta encontrar algo que mereciera la pena
para tenerte por un momento».
Laura Peque

Tu imagen se funde en la brisa marina,
una sirena de luz dormida en la arena,
un universo escondido
entre las costillas del tiempo.
Aún te veo con los ojos cerrados:
el sol recostado en tu espalda,
las sombras jugando en tus pestañas,
el mar acercándose como un animal manso
para rozarte los pies.

Todo era tan frágil,
y sin embargo tan eterno.

Cada eco que acaricia tu cuerpo
es una ola de mi corazón resonando,
como si mi amor tuviera forma de agua,
como si cada latido fuera un regreso
al lugar donde empezamos a ser.

La pasión vibraba en cada rincón
de aquella costa de niebla
que ahora llevo dentro,
donde las caricias
tienen nombres de puertos blancos
y lunas con aureola de nube.

Lo recuerdo en sueños.
Es una piel que habito
cuando el mundo se calla.

Lo recuerdo en sueños:
el vaivén suave del piano junto a las olas,
el calor de tus dedos entre los míos
bajo el cielo de un azul imposible,
tus labios de sal bajo las sábanas.

Lo recuerdo en sueños:
los limones partidos sobre una mesa de madera,
tu vestido difuminado por las farolas,
el amor de los pájaros en la madrugada.

Lo recuerdo en sueños...
Y yo, torpemente eterno,
me preguntaba si algún día podría explicar
los momentos más bellos de mi existencia.

Sigo aquí.
No sé si esperando
o simplemente recordando, en el mismo banco
donde enmudecieron tus palabras.

La ciudad no es la misma.
El bar cerró,
las farolas han cambiado de luz
y ya nadie dobla las cartas con tu delicadeza,
pero sigo cruzándome con tu sombra
cada vez que paso por la acera del número F.

He envejecido sin testigos.
Poco a poco,
como se desgasta el borde de una fotografía
guardada en la cartera.

Me nacieron arrugas en lugares
donde tú solías acariciarme.
Me salieron silencios
en los huecos donde antes reinaba tu voz.
Fui aprendiendo a madrugar solo,
a comer en platos sin conversación,
a dormir sin nadie que me reclame del otro lado.

Tú, en cambio, sigues igual.
Siempre con tu bata de consulta,
cruzando la calle con ese gesto de prisa suave,
como si el tiempo no te tocara,
como si tu cuerpo no supiera
los inviernos que han pasado desde entonces.

Y tal vez por eso dueles más:
porque yo me he vuelto otro
y tú sigues siendo aquella chica
en su primer año de carrera
que me enseñó el lenguaje de las nubes
antes de perderlas para siempre
entre la multitud.

LARES

ESCENAS de mi vida que solo se proyectan en la memoria,
en extintos rincones de una pequeña ciudad de provincias
donde alguna vez —aunque solo fuera un instante—
[fuimos felices.

Manuel Sancha

Manuel Sancha (Logroño, 2003)
Mi lugar es el relato que compongo cuando pienso dónde fui feliz, y eso incluye improbables mejunjes de recuerdos y literatura. En un sentido práctico, mi lugar también es la suma de ciudades y pedanías donde viva la gente que quiero y pase un río.

POÉTICA

QUE solo sean nubes
y no montañas frías lo que miro.

Inhóspita memoria,
haz que brille mi mundo en esa estrella,
no permitas que muera lo que es dulce,
no lo destruyas todavía.

ARCADIA

AL fondo del paisaje
los rebaños de nubes descienden lentamente
y esparcen un aroma descuidado
que siembra los caminos.
Monótona es la tarde,
y un viento imaginario, recorriendo las cimas,
ha despejado el cielo;
lo acompaña, con un rumor lejano,
el curso proceloso de las aguas.

(Una puerta se cierra en algún sitio.
La luz, en finas hebras, barre el polvo).

El sol se desvanece mientras tanto
y un muchacho pasea entre las huertas,
borracho de horizonte.

LA CRECIDA

Atravesando sueños y regiones
de la ciudad ausente
los recuerdos se vuelven
demasiado ligeros
y se amontonan dentro de la vida.
Cabe tanta memoria en el espejo
que es el día un océano
y un naufragio incesante la mirada.
Donde solo hay escombros,
—la reliquia engañosa de los años—,
donde el agua y la imagen
inundan los espacios de otro tiempo.
En esos viejos cauces,
se oyen ruegos que invocan la crecida.

ALGO EN TORNO A LA LUZ

Algo en torno a la luz
me dice que la tarde es más sencilla
cuando nadie la mira
y derrama su peso
por el leve silencio de los campos.

Algo vuelve la tarde
un paisaje dudoso hecho de instantes,
que desliza su mano
de cristal y de polen
hacia el centro secreto del reposo.

Distancia soñolienta,
imagen detenida de la tarde,
tus horas se suceden,
se abrazan ignorantes
de que nadie lamente su regreso.

EL CUADERNO DE BARRO

Hay un oro en la tarde vago y triste
y un olvido en la luz cuando agoniza.
Alguna vez miraste su rojiza
manera de morir y lo escribiste.

Los días frente al sol dejaron seca
la materia mojada. Fue complejo
atisbar en la arcilla el gris reflejo,
la cáscara del tiempo dura y hueca.

Después el cauce trajo sedimentos:
despojos, vanidad, alguna rama
curiosa por su forma, algún lamento...

también la varia suerte del que ama
y un cuaderno de barro polvoriento
que la usura feliz llevó a las llamas.

LA CASA DE OLABEAGA

Era una casa azul, donde vivieron
antiguos familiares. En sus marcos
cansados del hollín y del acero
resonaba el estruendo de los barcos.

Allí se congregaba un aire denso
de fábricas mojadas y altos hornos,
el mar traía olor de amargo incienso,
tiznaba el humo un cielo sin contornos...

Alguna vez la vi, mientras mi madre
evocaba los nombres y las fechas
de una infancia que apenas reconoce.

Como un viejo astillero, de aquel mundo
solo tengo una historia y la sospecha
de que nadie recuerda vuestras voces.

ACUARELA

Amanece despacio en los trigales,
y en la vana ilusión de su comienzo
el mundo te parece un largo lienzo
donde rubrica el sol sus iniciales.

Es un día cualquiera de otros tantos
que llegaron despacio como este...
justo aquí, transportando en su celeste
diván algún suspiro y leves cantos.

Contemplas en el cielo aquella estampa
que amargamente sabes se diluye
cuando una lluvia fina atrae su mano.

Arrecia un viento avaro, luego escampa.
No sabes que alguien, lejos, ha compuesto
el cuadro más hermoso del verano.

ESOS DÍAS

Esos días dejaron a su paso
una hermosa ilusión de eternidad
que aventaba el futuro y ofrecía
una porción de cielo a nuestro antojo.

Cuando vengan los años a escondidas,
a robarnos el tiempo,
por favor,
recuérdame el secreto de esos días,
sus nombres, su color, su ligereza.

EL SUR

DICHOSA la mirada que recorre
tus calles desconchadas en secreto,
sus jardines cerrados a quien pasa.
Dichoso el mismo cielo
azul desde hace siglos,
dichosos los aljibes, los naranjos,
y el discreto rumor de las acequias.
Dichosas las montañas que no saben
apenas sobre el tiempo
y las viejas estrellas que no sienten
la amarga lejanía de estar solas.
Dichosos los amantes que se buscan
bajo la luz serena de una plaza,
dichosa la emoción aquella tarde...

Penosa la conciencia de saber
que no me pertenece su belleza.

COMO LLUVIA LEJANA

Como lluvia lejana
el paso de los días me adormece
con su tenue discurso.
Como un pastor ausente
detrás de la ventana miro el mundo:
el viento mueve el trigo,
las estrellas dispersas pacen tiempo,
aparece el poema,
unos labios se juntan,
un río lleva su agua hacia la nada.

MÁS ALLÁ DEL TIEMPO, ESTAS PALABRAS

Más allá del tiempo, estas palabras
no llegarán a ti.
Se dormirán desnudas, sin amor,
entre latas vacías y coches oxidados
en el fondo de alguna ciudad rota.
Habrá montañas de ruido y polvo
ensuciando tus mejillas, casi hermosas,
y también veranos y estrellas enloquecidas
calentando nuestra angustia, lentamente,
junto a los cementerios nucleares.
Caducarán mi cuerpo y mi esperanza,
pero no estas palabras,
sin motivo en tu oído pronunciadas
hará ya muchos años,
cuando tú renacías con las estaciones
y el futuro aún nos daba miedo.

Anastasiia Pokrovskaia

Anastasiia Pokrovskaia (Rusia, 2004)
Me cuesta decir cuál es mi lugar. Si lo pienso, creo que es una casa móvil que he ido construyendo poco a poco: la fachada viene de mi infancia rusa; las paredes, de mi adolescencia y juventud riojana. Todavía no tiene techo, tal vez porque quiero seguir mirando las estrellas desde cualquier parte del mundo.

BALADA DE UNA EXTRANJERA

Me escondo en ciudades que no llevan mi nombre,
que no guardan mi sombra en sus calles.

Me acerco a la gente que me habla en otra lengua,
con palabras que rozan mi piel
pero no me habitan.
Escuchan música que no me reconoce,
aman a sus tíos llamados José y no Vasilii,
se llaman entre ellos con nombres que no sé pronunciar.

Me asomo a la ventana cerrada,
el mundo afuera sigue sin mí.
Un gato cruza la calle
y ni siquiera me mira.
No sabe que existo,
como tampoco lo saben estas aceras,
estos muros, estos cuerpos que ríen.

Me río también
de bromas que no entiendo,
de historias que nunca fueron mías.

Y no soy capaz de descifrar
la pertenencia que inventé,

esa patria imaginaria
que se desmorona en mis manos
como un idioma olvidado.

NOCHE BLANCA

Cada uno de nosotros, al marcar el espacio,
deja algún rastro en su rincón,
un principio que define su sitio.
Miré la masa sangrienta
del sol que amanece y comprendí,
que aquí faltaban matices de color.
Tomaba aire con la boca sin entender nada.
La gente me rodeaba
y sus ojos no percibía.
Vivimos una única vida,
infinitas veces repetida.

INQUIETUDES

SUMISAMENTE encerrada en un cuerpo de bufona,
siempre con una vergüenza pegajosa
que bloquea el oxígeno en mi garganta.
Siempre.

Camino sobre cristales rotos,
me río con la boca cosida,
hundo las manos en la sombra
buscando un rostro que nunca fue mío.

El silencio es un animal hambriento
que me lame los huesos,
que me mastica el nombre.
Estoy aquí,
pero nadie me ve.
Estoy aquí,
pero ¿quién?

LA MARIPOSA BLANCA

UNA tarde veraniega,
fresca como la herida de lo que no vuelve,
una mariposa blanca
se posó en mi vientre de niña,
y creí que era un presagio.

Han pasado veinte años.
Han pasado veinte sombras sobre mi piel.
Sigo esperando la mariposa blanca,
pero la tarde veraniega es otra
y mi vientre ya no recuerda
cómo era ser niña.

REFUGIO

La luna vuela sobre el lago,
en su marco de árboles rojos,
y el verano se ríe del otoño,
borrando definiciones:
hermosa, temprana, herida,
pero no puedes cancelar
los retornos eternos, los recuerdos, los encuentros.
No puedes esconderte bajo el susurro de las hojas
y no puedes detener el tiempo,
si es que hay alguna diferencia
entre siempre y simplemente.

EXTRAÑA

En las ruinas de mi memoria
mi abuela aún se levanta temprano
para ordeñar sus vacas pardas.
Todavía me llega el aroma de la aurora,
esa primera luz que me despertaba
con sus hilos finos y temblorosos.
En la memoria, y solo allí,
siento el abrazo de mi infancia:
unos brazos cansados, heridos de trabajo,
pero capaces de sostenerme.
Recuerdo los girasoles de agosto
asomando a la ventana
con sus cabezas extrañas y curiosas.
Y lo recuerdo con cada pétalo amarillo
con una certeza que duele.
Pero fuera de la memoria, estoy
entre paredes blancas y desnudas.
Y me descubro extranjera
en mi propia cama,
con la casa arruinada en mi memoria,
como mi propio nombre
con diferentes sonidos.

TREINTA DÍAS INCOMPLETOS

Odio los febreros.
Un mes a medias,
como si alguien lo hubiera dejado caer
sin terminar de escribir.

Días que se deshacen en la boca,
pares que se quiebran, impares que se esconden.
Rápidos cuando duelen, lentos cuando asfixian.

Un mes-trinchera donde las horas caen,
una batalla que se repite
donde el invierno no se rinde.

Ojalá llegue la primavera,
ojalá vuelvan las golondrinas,
ojalá no me quede en este mes,
que el tiempo siga,
que la jaula se abra,
que febrero termine de una vez.

ME INSTALÉ EN TU RISA (Y TIRÉ LA LLAVE)

«Lo que pasa es que te quiero».
Gloria FUERTES

ME quemo en tus ojos verdes,
bosque otoñal con chimenea,
los árboles me aplauden cuando te miro,
las hojas crujen de pura envidia.

Enredo mis dedos en tus pelos de avellana,
miel desordenada,
nido donde mi mano quiere quedarse a vivir.

Y siento que estoy en casa,
aunque estemos en la calle,
aunque el reloj grite la hora,
aunque el mundo siga girando sin preguntar.

Porque casa no es un techo
ni una puerta con timbre,
es donde tu risa suena,
y yo la escucho.

CONSTELACIÓN DEL CARTÓN

Esto duele como una estación del año,
como el tiempo sin preocupaciones de espera,
como los álbumes que pasaron de moda,
como la costumbre de usar puntos suspensivos...

Es, tal vez, la risa de alguien
que nos golpea con los puños,
y la luna, la misma para todos,
se esconde nuevamente entre las nubes,
las linternas de estrellas implacables
desgarran el algodón del espacio,
transformando el espacio en el hipnotismo
de un atónito ocaso.

El bosque se aferra a la sangrienta roca
y a la carne del suelo negro,
y enfrente cuelga
una constelación de cartón.

CAERSE ES QUEDARSE

LAS palabras abrieron una grieta,
una grieta tan grande
que nos hizo pequeños.
Las manos que fueron nido
se soltaron sin querer.
El amor, que era fuerte,
se quedó sin fuerza.

Y yo, incapaz de volver a erguirme,
prefiero caer en esa fisura
antes que arriesgarme a perderte de nuevo.

REMINISCERE

Sin una sola fotografía juntos, sin tocarte con la mano ni
[con la mirada.
Solo la memoria en un invisible reclamo
nos dibuja demasiado cerca.
Sin una sola frase que agite los sentidos, sin leer mensajes
[ni cartas.
Solo la memoria lista para narrar,
abriendo su propio trasfondo.
Sin una sola razón visual
para aburrirse, enfermarse, llorar.
Solo la memoria como un cuchillo afilado
que hiere el alma y el corazón.
De ti solo tengo el recuerdo.
Y es una carga demasiado pesada.

CUANDO YO YA NO SEA YO

CUANDO crezcan los árboles en las tierras olvidadas,
yo ya no seré yo:
seré apenas un soplo que se pierde en las hojas.

Cuando crezcan las montañas
y no pueda mirarlas desde abajo
con este cuerpo minúsculo,
ya no habrá medida para mi pequeñez.

Cuando solo quede una memoria maldita,
guárdala con tus ojos,
escóndela en la grieta más honda del corazón.

Escucha entonces el murmullo de los bosques jóvenes,
admira la muda grandeza de las montañas
y déjame dormir en su sombra.

Iñigo Mesonada

Iñigo Mesonada (Bilbao, 1999)

Aquí quiero quedarme, en esta ciudad, en esta página, en este mismo instante. Aquí me gustaría florecer, convertirme en algo bello (aún sigo esperando).

Recorriendo estas calles he visto hermosos cielos desnudos a través de mis ojos, a través de los ojos de otro.

Este es mi lugar.

TARDE DE PASEO

Entre briznas de hierbas frescas y tupidas recorrimos el sendero,
un sencillo sendero arañado en la hierba.
Sus pies descalzos no hacían ruido al caer,
más suaves que las hojas sobre el fino polvo.
El silencio nos envolvía como el agua que sube.
Las mariposas amarillas revoloteando a su alrededor perseguían su forma, centelleaban en la sombra como manchas de sol.
Las motas de sol, inmóviles al fin, sobre su camisa,
sus ojos como dos estrellas clavadas en ella,
como dos violetas flotando estáticas en una taza de café.
El sendero terminaba en una cerca cerrada.
Había un caballo blanco,
muñones negros de árboles muertos
y cuadernos olvidados que agonizaban en la hierba.
Más allá, el sendero continuaba arqueado, salpicado de capullos, disolviéndose entre los árboles.
Los rayos de sol penetraban oblicuos, desparramados y ávidos.
Nuestros pies se teñían de luz al caminar hacia las puertas del crepúsculo,
mientras su cabello adormecido caía sobre un hombro como una cascada dorada
y su rostro perseguía un último beso húmedo y profundo.

SUEÑOS DE VALIUM

He cubierto mi rostro de vergüenza,
luego de orgullo y luego de vergüenza otra vez.
Mis sueños húmedos, contemplados por una cruz de
 neón blanco
y una foto de mi madre que puse sobre mi cabeza.
Tomé dulces de Valium,
pero terminé ardiendo en el sueño de otra persona.
Levanté los brazos,
dos puños ensangrentados apuntando a la luna
con las uñas rotas en un instante de culpa.
Mis dientes torcidos envueltos en humo de cigarrillos,
en una boca con labios agrietados, enmarcados por car-
 mín rojo barato que a veces uso a escondidas.
Balbuceando patéticamente palabras vacías de disculpa,
o gritando, gritando hasta quedarme sin voz,
o hasta que nadie pueda ya oírme.
Hablé con el silencio, verdadero como el hielo y el fuego.
¡He visto santos bajo la tormenta!
Llevaban flores en el pecho y sus labios y las yemas de sus
 dedos eran azules como zafiros.
El paisaje temblaba.
Me cobijé en bibliotecas desiertas cubiertas por el polvo
 de largas noches de insomnio,
moldeé figurillas de barro con la forma de hombres y
 mujeres

que acabaron desmoronándose unas sobre otras.
Conocí a una mujer al otro lado del mar. Su pelo, su pelo
    podría ser oro.
Me dijo que la siguiera, pero caminó detrás de mí.
Vagué por avenidas de hueso
donde los niños jugaban con calaveras y llamaban a eso
    «música».
Vi a los ángeles de rodillas lamiendo el alquitrán ardiente
y me acerqué a pedirles fuego.
Las nubes se abrieron como vientres rasgados,
y de ellas brotaron pájaros con ojos de vidrio,
arrancaron mi voz y la tejieron en redes invisibles,
para obligarme a mirar.
Mi lengua se partió en dos, mi fe se partió en dos.
Cada palabra era una maldición y una oración,
cada sílaba un espejo vacío.
La luna comenzó a girar al revés,
los árboles se acostaron sobre las aceras.
Mi sombra caminaba delante de mí, detrás
de mí, dentro de mí.
Y temblando en la noche, bajo la turbia claridad de un
    farolillo,
floté entonces en un sueño sin nombre
en el que cada paso era un eco sin dueño
y mi carne un talismán quebrado que se perdía en la noche
más allá de mi cuerpo.

BAJO EL PUENTE

Bajo el puente, el neón azul en la cruz de cien ventanas
y en largas filas, durmiendo, los negros con los puños
apretados hacen trizas los sueños en las ramas.
Bajo el puente, la espina de pescado sobre los abetos torturados por el polvo
y la pálida sombra amarilla del eco de las catedrales en su asombro.
Bajo el puente, las bicicletas salpicadas por el resplandor purpúreo de los niños
y la niebla lactescente que adormece la cabeza de los ríos.
Bajo el puente, el cuerpo de arcilla del toro, una iglesia en ruinas, cinco soles rojos
y la leche materna que amamanta el vidrio verde de tus ojos.

UNA CONVERSACIÓN

UNA especie de alucinación del automatismo consumido
en dosis de euforia no exenta de angustia se apodera
de nuestros nervios. No tenemos miedo.
—Una llovizna de vidrio cubre las aceras
y el sonido de las sirenas de policía nos llega como un
rumor vacío.
—En los parques donde juegan los niños de manos azucaradas.
Lo vimos sujetando un cigarrillo con dedos temblorosos.
—Confundimos sus pupilas con el resplandor de la aurora,
mientras, bajo un cielo abovedado, el tiempo desgastaba
los bordillos en las calles sin luna.
—Recluidos en esta prisión de carne, el aire pútrido devoraba nuestras narices
y las mazmorras sin sol eran espléndidos escaparates de
bisutería barata.
—Con los nervios inflamados repudiamos nuestro sexo,
en una especie de exaltación del espíritu
y las puertas giraban sobre sus goznes sin haber obtenido
el debido permiso.
—Un vagabundo se desembaraza de nuestra sombra persiguiendo una lluvia finísima
y el gemido del tranvía es un estertor de moribundos.
—Vayamos a cobijarnos bajo ese gran árbol.

ARTHUR SYMONS

ARTHUR Symons, te anhelo
Tu espíritu decadente no me conmueve
Arthur Symons, te busco pero no te encuentro
En la biblioteca pública no me dan tu dirección secreta
Arthur Symons, ¿es verdaderamente satánico el genio de
Baudelaire?
¿Y, en cierto sentido, la visión de Satanás?
Arthur Symons, siento que mi percepción se vuelve a
oscurecer
Las ramas de los árboles parecen dedos apuntando hacia
el cielo
Arthur Symons, no soporto el gemido del teléfono
Me hace estremecer
Arthur Symons, mis sentidos están abiertos para ti
¿Por qué no te manifiestas frente a mí y me tocas con tu
Palabra?
Arthur Symons, me siento perdido un domingo por la
tarde
Estoy esperando que tu dedo huesudo me muestre el
camino
Arthur Symons, las librerías están cerradas y no hay nada
que celebrar
Bien podría cerrar los ojos ahora
Arthur Symons, el espejo me ha tragado la cara

Y hay un funeral bajo mis párpados
Arthur Symons, dejaste tu cigarrillo encendido
Oscuridad, y luego, en la oscuridad
De repente, un destello, un resplandor
Arthur Symons, es hora de decirse adiós
No permitas que te cubran el rostro con ese sudario de
inmundicia.

PUESTA EN ESCENA

MIENTRAS dos perrillos hacen el amor
Sucumbe esta bestia tan mansa
A la visión de hermosos cuerpos bronceados de ambos
[sexos.
Tan solo quedan ya vagas impresiones,
Otro cuerpo perdido en la leyenda.

ATRAVESADO POR LA NOCHE

¡Atravesado por la noche!
Me arrancaré los cabellos
Buscando cobijo en el seno de la mariposa de cartón
Bajo la opulenta forma del caballo rojo.
Doblaré mi cuerpo de espiga
Tras la careta de lágrima del cocodrilo
Hacia el diente mudo del tigre.
Mis uñas guardarán la nieve castrada
En el hueco azul de mis venas,
En mi propio torso blanco.
¡Atravesado por la noche!

FLORES PARA MARZO

Flores para marzo
Flores de dientes astillados
Flores para tus manos diminutas
Flores para algo tan pequeño
Flores para el potro
Flores de luna y estrella
Bellos narcisos y la sagrada lila.

LOS ÁNGELES ESTÁN FUERA DE MI ALCANCE

En este mar de plomo, bajo esta lluvia visceral
Descansaré mis ojos rojos como el carbón
Ya ronco de fatiga y con la lengua inerte
Entre la dudosa claridad y el negro vacío
Mi sombra imperfecta proyectada
A la tenue luz de una cerilla
Una máscara de muerte de vanas facciones
Un sol sin boca de oídos insomnes
Un viajero descalzo que mira en el cristal desconsolado
[su reflejo
Con ojos llenos de noche
O con ojos como manos y uñas apuntando a un cielo
[extático.
Acaso no soy más que un simple espejismo.
Y al final, turbado el espíritu y vacía la conciencia
Con la luna muriendo en mi garganta
Un débil murmullo:
Los ángeles están fuera de mi alcance.

Los locos de brillante cabeza de alfiler
Los alienados de inextinguibles sonrisas de blanco eléctrico
Los tullidos que vagan por el angosto pasillo con pupilas contraídas
Los epilépticos de exaltado cuerpo transparente
El medio muerto cubierto por el manto del silencio
¡Terrible espectáculo!
Todos ellos se hallan congregados frente al santo pórtico de la jaula del tiempo
Majestuoso templo,
Donde el tañido de las campanas paraliza el vuelo de la alondra
Y cuyas columnas, sumidas en tinieblas, exhalan miasmas pútridos de fluorescentes fulgores,
Donde la lámpara, compañera de las bóvedas de las catedrales, no derramará amargamente su aceite.
Peregrinos de extraños parajes,
Donde los fuegos rugen y atizan vapores en el aire denso.
Abnegados, salvados
¿A qué imagen santa confiarán ahora su fe provecta?
Idólatras
La llama extinguida por el enfebrecido soplo de los mártires ya no calienta las paredes de adobe de las mezquitas.

Animales
Sus frágiles manos de dedos crispados forman cruces
Y con sus pies desnudos descansan sobre un jardín de
lágrimas recién cortadas
—¡Diluvio!—
Por los caminos, entumecidos por las noches de invierno,
esperan embarcar, en sueño
En el rey solitario e inefable que, zambulléndose, aparece
y reaparece prosiguiendo su curso
A través de los caprichosos y elegantes arabescos de las
aguas.

GAVIOTAS

CUANDO las gaviotas plieguen sus alas impulsadas por la gracia del viento, descansando sus vientres de mercurio sobre las crestas espumosas,
no contemplarán ya tus ojos sesgados
el espectáculo sublime del torbellino de flagelados cabellos que golpea mi frente.
Ni mis pies magullados, anclados con estrellas al suelo,
apuntando hacia los cuatro horizontes,
podrán presagiar la caída.
Tampoco las lágrimas que brotan del afligido rostro de los amantes,
separados por el aguijón del odio, la vergüenza, el amor y el remordimiento,
saciarán tu sed de infinito.
No llamarás al océano hermano,
pues qué es más profundo,
«¿Las oscuras fosas donde las tempestades se refugian
o los insondables abismos del corazón humano?».
Conságrate, pues, a los vientos que agitan tus senos,
virando de izquierda a derecha
en intervalo intermitente,
abriendo tu pecho y entregándolo al cielo.

VEN HIJO, REGRESA AL AGUA

VEN hijo, regresa al agua,
vuelve a la cuna líquida donde te soñé.
Navega con tus barcos de hueso a mi alrededor,
suelta tus cuerdas sobre mi carne cansada,
hazme puerto y naufragio.
¿No ves llorar a las mujeres?
Sus voces son ríos que se rompen en la sombra.
Los hombres lloran también,
con los ojos entornados contemplaron pérdidas
[invisibles.
Dime, hijo, y tú, ¿por qué lloras?
Acércate a los campos de escarcha
donde aún arde la infancia,
recoge esos dulces pétalos
antes de que el viento los confunda para siempre
y deja volar la paloma de mi pecho,
para que en su vuelo lleve
la culpa que nunca supe confesar.

Aleksandra Ziółkowska

Aleksandra Ziółkowska (Oborniki, Polonia, 2001)
Busco mi lugar entre dos países. En ninguno de ellos me siento «yo misma». Mi cabeza sigue siendo demasiado tonta para ser una mujer de verdad en la sociedad. Por ahora, intento asumir diferentes roles, adaptarme a diferentes lugares, con la esperanza de que la humanidad entre en mí por sí sola y, hasta entonces, nadie verá a través de mí.

REGÁÑAME

REGÁÑAME.
Soy una mujer de arcilla.
Fórmame.

Señala mis errores.
Soy una mancha de cal en una copa.
Corrígeme.

Castígame.
Soy una perra ladradora.
Átame.

Tírame.
Soy un plato roto.
Recógeme.

Me gustaría decir que no es culpa de nadie
o que es de los otros,
pero es mía.
No fue el Nuevotestamentastro
el que me abrió los ojos
con saliva y fuerza,
fui yo quien escupió contra todos los salvadores.
No quería ver topos en mi Edén.

Era tacaña. Nunca me permití
mancharme ni una pizca
de esa sustancia pegajosa
que llaman afecto.

Sola en este oscuro club,
cerca de la medianoche
me tropecé con él.
Y me caí.
Derramé todo lo que tenía en las manos.
Derramé mi afecto por su Camisa,
por su Cuello y por su Cara.

Sus cejas se fruncieron, sus puños se cerraron,
pero tan pronto como me miró a los ojos
entendió con quién o con qué estaba tratando.
«Olvídalo», dijo, y me llevó al baño

y yo quedé tan agradecida,
tan agradecida a mi Dios, porque Él,
Él mismo,
me hubiera permitido tropezar con Él.

VENTA

VENDO las comisuras de mis labios
a bajo precio, como una actriz porno.

Por indulgencia,
incluso bajaré mi precio.

Los hombres siempre quieren pagar menos.
Según ellos, yo simplemente cumplo las condiciones.
Pero para mí es un robo.

Soy avara.
No dejo pasar ninguna oportunidad de ganar dinero.
Tengo que mantener a mi familia.

Vendo las comisuras de mis labios
a bajo precio, como una prostituta.

DOLOR DE DIENTES DE UNA VEINTEAÑERA

QUIERO morder a Dios.
Morderé y estrellaré mis dientes.
Mamá, hazte a un lado,
déjame hacer daño.
De nuevo me están saliendo los dientes.
Necesito algo donde mordisquear,
un mordedor, un Dios.

ENTRADA

QUIERO que el mundo toque mis pechos.
Entonces nos entenderemos,
como una mejilla cerca del pelo del gato
y un olfateo de la mano del dueño.

Entraré en vosotros y en la realidad,
rozaré el sentido común, me tragaré la humildad,
empezaré a llevar ropa interior
porque ahora estoy indefensamente separada.

Quiero que mis pechos toquen el mundo,
que mis pezones conduzcan la electricidad
y la guíen a través de mi esternón.
Por primera vez estaré contenta
de tener mi trozo de carne y de saber qué hacer con él.

Lameré el sol de tu piel,
te besaré con los ojos abiertos,
mirando por encima de tu hombro los labios de otro.
Rápido, mientras soy
crema batida.

LA FINALIZACIÓN DE UNA MUJER

Mi padre, san Andrés,
fue crucificado en forma de X.
Una maldita incógnita que nunca pude resolver.
Todos los de mi clase me han superado
y yo gasto su dinero en clases particulares.

Sabía más cuando era más joven.
Había ira, rabia que chispeaba y se derramaba,
había repugnancia,
y ahora la vergüenza lo ha devorado todo.

Estoy trabajando en desmonstruarlo.
Igual que el padre de Sylvia Plath no fue un nazi,
mi padre tampoco fue un severo soviético bigotudo.
Demasiado pequeño para ser Stalin, demasiado corriente.
Un borrachín común.
Un enano calvo, un pesado.

¿Qué se podía esperar de mí,
si soy hija de los Chapáyev?

Nos contagió a todos sus dientes débiles,
pero solo yo lo «tomé como algo personal».
Soy hija de genes perdedores.

Tuvieron razón.
La caries de la humanidad es siempre una adolescente.

TÚ Y MI DIOS

DESDE que tengo memoria, has sido parte de mi fe.
Cada día intentaba añadir un avemaría
por ti a mis oraciones diarias.
(Por supuesto, mi abuela tenía que ser mejor
y añadía rosarios enteros).
Le dije a María que si dejabas de beber,
me iría a un convento.

Ella nunca complació mi deseo, así que ahora
puedo follarme a cualquiera y decir «puta virgen».
La catequista dijo que tenemos derecho
a enfadarnos con Dios
y preguntarle por qué nos ha enviado el sufrimiento.
Yo lo hacía todas las mañanas, de camino a la escuela.

Pasé mi primera Navidad sin ti en el cementerio,
porque me dabas pena
y pensaba que era lo que tenía que hacer.
Como si tuviera que meterme en el papel
de una romántica semihuérfana.

No diré que fuiste el principio del fin
(no quiero darte un título tan grandioso),
pero fuiste la primera duda.

Y ver cómo te trataban los demás
en medio de la conspiración de los hombres.
fue el puente hacia «el primer día del resto de mi vida».

La expresión del grupo de AA
que nunca quisiste escuchar.

PENITENCIA DE DIOS

Apenas eres, y has pecado
de pensamiento, palabra, obra y omisión.

De palabra: te has agenciado mis manos, mis dedos.
Regalé el cuerpo de una niña a petición de viejos señores.
En una apuesta perdí mi amor propio.
Perderlo. Solo conseguí eso.

Sacaste secretos de mi boca como pañuelos de colores.
Envolviste mi saliva alrededor de tu mano.
¿Para una correa o para un látigo?

De omisión: abandonaste, como un padre característico,
a tus hijos, a tu mujer, tu fiel ganadería,
entre gentes y enfermedades.
Un coro de hombres vírgenes nos dijo
que fuésemos dócilmente al matadero.
Las viejas criadas cuidaban nuestras jaulas.
«Así es como debe ser», aconsejaban las voces
desde el frigorífico lleno de carne de otras madres.

¿De pensamiento? No sé si tienes uno.
Aunque admitiré que el concepto del diablo
¡está de puta madre!

De obra: te llevaste a mi hermano.
Le vendiste una eternidad en el esquema piramidal.
Ensanchaste su conciencia
hasta que el mundo entero cayó en ella.

No lo dejes caer en tu salvación.

La salud es del César.
No tiene nada de dios.

VACA BULÍMICA

Me haces eructar.
Debido a ti regurgito.
La papilla de hierba de aquella conversación
vuelve de mi gran barriga
y perfuma mi aliento con dulce acidez.
No sé cuándo la comida está suficientemente
bien masticada.
Mi boca es un purgatorio,
lo único que falta es un dios
que se atreva a juzgar con justicia.

INSTRUMENTO

Tocas mi pelo como si fueran cuerdas.
Trato de no quebrarme bajo tus dedos,
pero soy delgada, vieja,
sin flexibilidad para tus rápidos movimientos.
No conozco tus melodías.
No estoy preparada cuando me arrastras.
Amenazas con una larga pausa cuando ya he resonado.
Me tiras del pelo y gimo en el tono equivocado.
Te oculto que me quedo sin aliento después de cada nota
porque nos alejaríamos el uno del otro:
me quedaría a medio camino, y tú, sin sentimentalismos,
quedarías con uno nuevo, afinado, tocando limpio.

INJUSTICIA

Al principio había injusticia.
No es la salvación lo que buscamos.
El hombre creó la religión porque quería pensar que
los malvados serían juzgados algún día.

Yo no creo en el final. Prefiero el principio.
Solo Prometeo, el dulce Prometeo, nos introdujo el fuego
detrás del entrecejo, nos dio la libertad, sin obligación.
Este ser humano honoris causa terminó como nosotros.

Si hubiera podido hacer algo
yo sería su hígado.
Un castigo para la humanidad.
Una bendición para el dueño.
Distraigo y duelo menos que la injusticia.

Diego Soto

Diego Soto (Lagunilla del Jubera, 2002)
He hablado con ellos a orillas del Ebro, en la ermita de San Cristóbal, en las callejas de Sants y ahora lo intento con el Darro. Supongo que mis lares son unos diosecillos mudanceros.

EL SUEÑO DEL INFINITIVO

MIRAR en el ladrillo el barro en que nací,
sorprender entre motores un jilguero en agraz,
caminar con los ojos lo que a los pies es sueño, etc.

El infinitivo tiene la infinita gracia de infinitar
de ser (un ser [un ser —un ser—])...
un ser color de estío y un deslumbrar de nieve
un ser fuga de espada o sueño de marsopa
como van vienen, como van
los infinitivos por la pradera del tiempo
pastando mielgas de eternidad gramática.
Pero llega el sueño de la Verdad y dice *estar*
y el Gerundio, perro viejo
y viejo por perro y perro por sabio,
decide que infinitar es para infames
y que aquel estar siendo de Yahveh
(la creación que crea en marcha)
es el único argumento.
Noches de oscuridad y alevosía
de firmamento en claro y tinta espesa
noches de ser consciente, de ser hombre, espero

Y el Ser que se escapaba a mis pesquisas
(que allá eludía acá mis cercamientos)

aquello que finalmente iba a serme
aquello a lo que finalmente yo iba a ser
se evanescía

como leños perdidos que el mar anega o levanta
mi existencia no se justificaba en ningún árbol
y mis palabras eran vanidad de vanidades
y todo lo que era, simplemente, es

De modo que perdí mis angosturas
de modo que gané estas amplitudes
y, anchamente,
como se dice mar
como se dice cielo
dije estoy:
y desde entonces estoy siendo.

ANACRÓNICO SONETO CONCEPTISTA SOBRE EL IDEAL ANDRÓGINO EN MI PROPIO SEXO

Me parece ser igual a los dioses
aquel cuerpo de chico que te besa y
la canción de sus manos en tus tetas
roce infinito de infinitos goces.

Pero en tu seno adoro la riqueza
de la luz, de Natura y de la noche.
No me importa ser otro quien te toque
mientras pueda disfrutar de su belleza.

Acaricien las flores de mi carne
tu otero cóncavo, su amor saliente
en amante amalgama de valientes.

Pues Venus en Adonis juntos riega
la vena del deseo a la que nunca
la pasión de Shakti sin Shiva llega.

JOVEN POSBARROCO ES PERSEGUIDO POR FALO LACANIANO A FALTA DE MEJOR MITOLOGÍA

En la montaña se perfila enhiesto
el ronco Falo infiel que me revuelve
las aguas mansas, como ciervo aleve
que abreva donde nunca lo hace el resto

Es dulce el reposar si toma breve
si es ala de placer que al dar socava
la piedra egoica que en la selva brava
cede al traspiés y apunta al que se atreve

No es de temer si, surco polvoriento,
impúdico disfraz o venda extraña
deja de involucrar la tan maraña
que, de tan serlo, arena es ya de viento

No es de temer, ya no, que sin consuelo
habite el traje hostil un día ajado
y sin amor de nadie, desalmado,
rinda a la noche oscura de hondos velos

No hay fuego en Su mirar que no me queme
las ansias de apostar por otra vida
y así me ancla en este cuerpo y cuida
que no busque el placer quien bien lo teme.

POCO DIGNO ES SER SOLO UN HUMANO

SI hoy hay un sueño universal
no me preguntes
qué es lo que siente la luciérnaga
cuando bioilumina el jardín de agosto

no quieras saber el número concreto
de nervios que tengo cuando dices *basta*
y cierras en tus labios una forma azul

no basta la noche no basta el siglo
para captar en un verso lo que digo
sin palabras humanas cuando pasas
y me parece poco digno ser solo un humano.

DON DE CLARIDAD

Se han simplificado las decisiones
como por obra de un raro ensalmo
que nos dice que todo es mucho más simple
y sin embargo
los asuntos son igual de complicados
como antes
como siempre
como cuando me tiraba de los pelos
por no saber tomar una derrota justa;
pero ahora tenemos algo nuevo
tenemos un algo en el desván de nuestras manos
que nos prohíbe rendirnos
rompernos, dejarnos caer
donde a veces caímos;
todo es mucho más simple y sin embargo
el mundo que vivimos no ha cambiado:
será que un dios como una estrella diminuta
el don de claridad nos ha dejado.

POEMASTRO FECHO AL ESLÁVICO MODO (IMITANDO PRESUNTUOSAMENTE AL PRESUNTO ARSENY TARKOVSKY)

AQUELLOS encuentros, terrible epifanía,
y cuando entre los matorrales del río
	(aquí se pone kinki)
Dios me entregaba tu cuerpo
	(y aquí echa balones teologales fuera)
volvía sobre mis propios pasos
para recordar que tal vez no era digno de tanto
	(y con este verso cree enmendar su narcisismo)
¿y todo esto para mí?
¿tanta luz de amapola, tanto olor de madreselva?
	(si acaso la susodicha tiene aroma digno de mención)
¿ese rayo de luz que te parte la boca?
¿estas hojas de eucalipto, este cáliz, tus senos?
	(si en el fondo todos van a lo que van,
chanchitos de la piara de Epicuro)
Si no hubiese sabido de la erosión del tiempo
quién sabe qué guirnaldas hubiésemos posado en tu cuello.

Pero   la noche es larga mientras nos amamos
	(y aquí se pone serio)

y el alba y su guadaña parecen estar lejos;

que incluso al despuntar el carro de Faetón
(nos ponemos neoclásicos justo ahora que está
[que arde)
quiero despreciar su petición de ritmo.
Quiero vivir en este instante único
y malgastar mi vida en este abrazo.

CARTA DE LA POETA AMARANTA VALDÉS EN QUE DECIDE PASAR LOS ÚLTIMOS DÍAS DE SU LARGA ENFERMEDAD EN EL SUR

He de quemar el país hacia el Sur
dentro de unos días embarco...
¿todo bien por ahí?
¿necesitáis algo?
¿puedo preguntaros?

Siempre os subvaloro y después
me siento mal
y pierdo
de nuevo
la razón
para acabar enemistándome
conmigo misma
o lo que es lo mismo
vuelvo a saber el acecho
del gusano que roe
lo que el cuerpo no goza

Si es cierto que allí el clima es más tibio
y la estación se siente más ligera
como vestida de azafrán
no dudaré un segundo

en cortar una azucena,
una cala o un lirio
(siento tanto abandonar el huerto)
mesarme la solapa
agasajada
y quemar la tierra hacia el Sur,
de nuevo (no lo sé)
hacia donde me esperen
las gaviotas
mi novia
o una muerte en autobús.

@&QUIUNQUE%***, NUESTRO ALIENÍGENA PREFERIDO, EXTRAÑA A SUS AMIGOS

Si me decidiera por la vida supongo que anexaría
[motivos de peso
No podría si no calzar tanto detritus en el hueco de mi
[deseo
El aire se me haría cruel y no podría respirarlo
Con esta impasividad de semidiós
La vida tendría para mí motivos de ser vivida
Extraños como lenguas de cigarra
Pitidos emitidos por un diapasón en el cobertizo
De una fiesta de verano
La vida tendría colores para mí
Para todos, supongo
Pero no puedo afirmarlo porque soy pequeño
Y un poco alienígena
Y el aire no me llega a la solapa
Blandengue por la que respiro
Y doy besos
Y hago el amor a mis amigos
Cuando viven lejos

PALABRAS DE AMOR

DE amor se encuentran bastas las palabras
y de inocencia impuras
grávidas de soledad
y de deseo:
mejor hiciéramos partiendo
en nave sin peligro
hacia océano acechante
o cárcava de espuma;
pero la vida es corta
y nuestra juventud nos pesa
sin poder pisar las calles que soñamos
(que recordamos de algo,
que recordamos, tal vez, haber soñado)
y ahora no es más que espuma cabalística
desmán de fuegos
artificiales
de la memoria,
que nos abandona
nada más habernos saludado.

NEOBOLERO

QUE inolvidablemente vivirán en mí
como fiesta entre semana
o arcaduz en seno de huerta
siempre dispuesto a chorrear
por lo que tú más quieras

no los colosos no las antenas
no los pirulís de la corte tan ancha y tan ajena
tan sinsabores malignos que el alma estragan
llenos de emoción y de peligro

solo consiguen hacerme recordar los tuyos
porque estás lejos y no soy una amapola
para acumularte lentamente en mi corola
como polen o rocío o joie de vivre

oye, mi bien, este cántico funesto
por si vinieran tiempos más aciagos
en que llevar camisas amargas
y ser desnudos no sea nunca opción viable

yo creo que podemos ver el nuevo amanecer
de una tierra jamás pisada por los pies
solo con huellas de mirada

porque haremos con las nubes terciopelo
porque haremos con las piedras caramelos
y el cielo será ridículo en tus manos

no me dejes olvidar estos compases
no me prives de tu forma ni tu anhelo
no me tuerzas ni me abraces
solo por consolar mi gesto airado

porque tengo un rincón en mi costado
cerca del cielo y la memoria toda
donde todas tus miradas sean sombra
donde todo mi amor sea consciente

porque tengo un rincón en mi costado
y es a tu medida que lo tengo horadado

porque tengo un rincón en mi costado
y solo tú me cabes sin desgarro.

A LOS ÁLAMOS CANTORES

A ti te deseo, la imposible, la llena de luces nuevas
es la noche de los zorros y las comadrejas
también de tejos, álamos y robles
noche de estrellas frías a lo lejos

Siento que es imposible ya quererte tanto
la distancia me vuelve un lisonjero
y mis palabras se las lleva el viento
como otra sámara de arce cualquiera

Te deseo en noches de luna blanca
cuando los borrachos reptan hacia su casa
y los estorninos no saben dónde guarecerse

Soy un cuerpo tímido y sombrío
mis caricias son torpes
mis labios un simple cerco de candor
la carne la tengo enardecida
pero débil, así ausente
no sé si puedo amar como yo quiero

Piensa mejor en la noche
de álamos cantores
las arañas y los estorninos

los perros solitarios que cantan a la luna
el remecerse bravo de las ramas secas
el crepitar de insectos andadores en la tierra
los rayos de la luna todos llenos de nostalgia
piensa mejor en esta noche
y nunca en mis brazos
torpes
nunca en mis besos pienses
no quiero traicionar mi amor primero
de decirte que el pino es todo para mí
y las madreselvas, tomillos, abrótanos...

Olvídame como un día más
del mes de los encuentros
como una risa
perdida entre la gente
como el cielo
olvídame sin prisas
y piensa en la noche
imposible, serena
olvídame por siempre
y piensa en la noche
de álamos cantores.

LA LEY DE AMADORES DE FUEGOS

PERO si solo al fin quedara
insoportable, enmudecido,
cadena de meteoros en cisterna
de lúbrico traspiés

dar con el onda y sus rumores
ver en el musgo y la caída y el mármol
en los helechos cabe la fuente
el verde, al fin, más entrañado

y que nada nunca nada llegue
a abrir espasmos en la piel
que nadie
a amar se atreva una quimera
o lodo sin bien saber antes la ley
de amadores de fuegos.

COM CAL

TANTA tanta crudeza debajo de esta aura
de benestant dolce far niente
tanto que entre las copas se me escapa
tanto talud de herrumbre
tanta apercebuda meravella
por arte de birlibirloque
y no de esotra manera o encís

Porque al cap i a la fi somos todos
pedazos de una llòbrega almazuela
a la que como araña
se pega la querencia
de ese mundo longincuo de los años
que pasan sin hacer gaire soroll

No crec que sia possible dir això
ni que mis manos se me encuentren prestas
o los ojos para verlo
abans que res
o mis pasos percutirlo
com cal fer-ho

Nahia Font

Nahia Font (Bilbao, 2000)
Mi lugar es el camino improvisado hacia todos los palos; la aventura de bailar mal. Es mi cueva, un escondite del Ebro, donde pueda escuchar los ronquidos de mi perro. Es cualquier banquillo desde el que explorar mis taras e ilusiones; un mundo imaginario de libertad y girasoles. Mi lugar es un abrazo largo de mi padre, la mirada verde de mi abuela y un café con deseo; donde pueda sentir como Oihane y se escuche lo «desbocao» como dice Mateo.

DESIDIA

«Todos los movimientos se logran en seis etapas,
y el séptimo trae el retorno».

I Ching

Cuando nací, mi madre no parió un deseo,
parió una desidia. Una desidia gorda y pesada,
de cuatro kilos y medio.
Ahora que brilla mi diploma
sigo siendo una desidia,
algo más crecida y alargada.
Mucho más cansada.

Cansada de cocer las mismas conversaciones,
de alimentar los mismos pensamientos
y desechar los mismos intereses.
De que me dé pereza hasta cruzar en rojo,
de mirar mal al mismo viejo verde.
De quedarme con el pastel en las manos
y hacerme bola en la nevera.
De temer no conocer la vida tras la paciencia.
De defender lo contrario a lo discreto
en un sistema que protege el silencio.
De querer viajar a Ítaca y llegar a Venus
fingiendo ser sirena presa del velero.
De lanzarme a la lucha de gigantes

midiendo metro y medio.
De que mi cuarto sea un cementerio
cenizo de plantas e insectos.
De ser el pregonero de un faro despierto
desafiando la mazmorra y sus hambrientos.
De que se me escuche por los ojos
y mi realidad sea sorda.
De aprender pocas veces
para las que toca tomar nota.
De armar la casa muerta
con la arenga de un animal.
De no distinguir cuál del ejército
de yos es el central,
y de que la firma de todos ellos sea
una tirante prisa del final.

DE CERO

A Alex

Luis Rosales sabe que «en realidad solo te sientes
libre cuando la vida vuelve a comenzar».

Me tortura el sangrar de haber comenzado tantas
y haberlas mutilado, una a una, todas igual.
Sobre tus brazos he columpiado mi terquedad,
he arrojado al suelo la ilusión de cristal,
he vuelto a hacer añicos lo que prometí que sí,
que esta vez sí, que esta vez sabría velar.
Pero siempre lo arruino igual.

La libertad, nuestro espejismo cruel,
que obliga a caminar, aunque solo brinde sed.
Naufrago en un trago de fe, vomito la urgencia expresiva,
sueño que libero al elefante y quemo la cacharrería.
¡Despierta! ¡Dios! ¡Cambia de canal!
El pecado de hoy debe ser original.
Pero sigo sacando el maldito primero
de mi exhausto manual.

Déjame probar una gota de perdón.
La angustia baila un vals en mi garrote,

mis huesos apolillados no cobijan más errores;
los merezco, lo sé, no sé pronunciar
unas palabras de auxilio peores.

No puedo ya dormir en mi jaula de oro
ni en tu cuento infantil.
No puedo omitir el desaire
ni idealizar el proyectil.

No bastan mis confesiones para colmar tus preguntas,
me desnudé y solo visto culpa.
Cargo en la vida un suspenso,
tu promesa en el reverso
y el último grito estoico en verso.

BÚNKER DE NIÑA

Un destino suspenso en mi búnker de niña
de febril decoración y olor fecal
hace un agujero con mi forma,
un resumen de tristeza residual.

Me quejo de la oportunidad de reinventarme
con vuestras etiquetas y mi armario de camuflaje.
A pulmón la pataleta, incendio los puentes,
tengo un odio hambriento que solo crece.

Bramo la rabia, berreo los nervios,
estampo el sentido donde puedo;
huyo con alas de ceniza, fingiendo
el desentierro del muerto que llevo dentro.

No conozco el silencio, ni la pragmática, ni el deseo;
ni quién soy ni si sabré serlo,
algo más que un vacío alternativo
bebiendo sangre de sueño.

Ignoro si no compensa apestar
de expresividad mi crisol sentimental,
reflejo de enfermedades y traiciones que abonan
y hacen que me nazcan cojones de libertad.

Mi búnker de niña, mi campo de batalla,
la sala de espera donde los años pasan;
de la desidia a la soberbia solo me agarro
a la plenitud que guarda consigo el fracaso.

Aquí reina mi pico de oro exento de bozal.
Las expectativas y el miedo no conocen la profundidad
de fumarme un gramo de esperanza
en mi blindada brutalidad.

AITA:

SUBIDA a tus hombros la vida era mucho mejor.
O volando de tu mano, con prisas,
haciendo trampa subiendo las rodillas.
Con nuestro gen coleccionista y maquillaje
de carnavales, yo modelo y tú artista.
Siempre Manu Manazas y las risas,
más de diez años con la broma
y sin polvo como el primer día.

Panpinekin jolastetik y luego
películas más jodidas.

Cómo han cambiado nuestras vidas,
nuestras ideas, nuestros puntos de vista.
Cómo sigue siendo de pesada
nuestra dividida verdad en bragas.
Ninguno somos ejemplo de nada,
solo de ser unos auténticos chapas;
y perdonarse nunca es fácil,
quizá ninguna relación padre-hija.

Baina gurea merezi duela badakit.

Gracias por aguantar la toalla,

por las oportunidades, por confiar
en que intento hacerlo bien
aunque no sepa todavía.

Eskerrik asko hainbeste saiatzeagatik.
Zutaz ere harro, garen moduan.

LA LOCA

Otro mes más a veintiocho
en la silla verde de mi escritorio
trato de pensar cómo voy a despedir
a este fantasma que no puedo soltar y aceptar
que sigo siendo tu loca del muelle de San Blas.

Que algo se me está escapando, que tiene que arder algo
[más.
Algo pasó y desde entonces el tiempo no cruza mi
[habitación;
y aquí sentada me pregunto si tú lo estás gastando mejor
[que yo.

Como dice Anne Sexton:
«Soy la reina de todos mis pecados
olvidados. ¿Sigo perdida?
Antes era guapa. Ahora soy yo misma».
Y yo pienso: ¿me he recuperado para algo?
Todavía estoy aprendiendo a ser
en este desierto de las vivas.

La deuda va en aumento y crujen los tabiques,
pero yo sigo ciega de costas pegada a mi dique.
Una fuerza me conoce y aprieta porque sabe

que vuelven las olas que abortan de coraje;
y tal vez sea ahora o nunca, ya es hora, pero nunca tarde
para arrojarme al canto mientras grito
que mañana sí sentiré el tiempo en vivo
y seré una nueva loca que nade sin mirar
dejando al fin atrás tu mito vacío.

LOGROÑO

Sé que un día será el último
saliendo de mi portal sin cristal,
atravesando la avenida que seis años
ha estudiado mi falso despertar.

Un día no pisaré más ese cruce mortal
camino de la universidad;
no fumaré ante el mejor grafiti que sé
y no se buscarán más mis ojos
en el reflejo de su lenta máquina de café.

Ya no estarán más mis amigos en los bares
de nombres que nunca aprenderé;
pero recordaré los vuestros
              el cuadro de cuadrilla
mi excéntrica octava maravilla.

Un día dejaré de oír mi mote
y tendré otras postales de paisaje;
os llevaré de sol: Laura, Alex, Coke
y otros que también lo saben.
Me alegro de haberme perdido y
encontrado en Logroño con la
banda sonora de vuestras voces.

Os recordaré en la Arcadia
en el Beti Jai del Panorama
pisando triunfantes La Luna
sin Paréntesis de la mala Fama
y como la mejor leyenda
de toda la mitología riojana.

MI JARDÍN SECRETO

Es como un bosque de sueños,
un jardín salvaje en el que he mudado dentro.
Un corro de las mejores locas
donde la risa eclipsa y pesa más
que el propio estruendo de los hechos.
Un laberinto secreto de exóticos laureles;
tu imagen de lugar amable,
mi preciado hogar de distintas carnes.

Despierto ahora en la cueva azul
y he crecido del revés.
Busco el sueño en la razón
y solo encuentro un monstruo de poema.
No alcanzo ya los laureles ni la miel disfrazada
de aquella mágica ciudad sin ley.
Solo quedo yo en mi burbuja inquieta
fingiendo que marcho a otra parte.
Solo yo en mis trece;
echando de menos el bosque,
echando de menos lo salvaje.

Coke Martínez

Coke Martínez (Logroño, 1978)
Mi lugar es un no lugar. Chispún.

A) Semántica

— Generación literaria: 1. f. Grupo de amiguetes con enemigos comunes en el gremio. 2. Modalidad de publicidad engañosa.

— Intríngulis: 1. m. Arquitectura oculta del poema. 2. Palabra para hacer cosquillitas a la razón.

— Literatura: 1. f. Escribir la vida con ojos de mosca. 2. Zona erógena del lenguaje. 3. Allá donde yacen los dragones. 4. Nadería en Times New Roman.

— Tutú: 1. m. Lechuguilla de cintura. 2. Juguete parecido al yoyó, pero menos narcisista. 3. Reiteración becqueriana: poesía eres tutú.

— Almazuela: 1. f. Mariposa doméstica. 2. Metafísica fragmentaria de colorines. 3. El arte con retales que hace la tía Juli.

— Aforisíaco: 1. m. adj. Que excita o estimula el mirar chiquito.

B) Poética

— Aforismo fantasmagórico: Buuuuu.

— Que a un aforista le diga su amante que la tiene pequeña debe ser considerado como crítica favorable.

— Desconfiar de los ~~círculos~~ cuadrados literarios.

— El poema es un fantasma que se aparece, siempre y cuando no lo esperes.

— La peonza, con su tinta de aire, logra el poema redondo.
— Sin soledad la vida no basta.
— Amar en legítima defensa.
— Fuera del poema hace frío.

ANDURRIANDO

«No quiero seguir siendo raíz en las tinieblas».
Pablo NERUDA

SUCEDE que me canso de ser riojano.
Sucede que entro en las bodegas o en los chamizos
aburado, zanurio como un golorito de cenaco
zarceando en un caldo de venaje y bolláriga.

El úbrego de las golmajerías me hace becerrear.
Solo quiero una cabezada de calce o de amenga,
solo quiero no ver plazas de abastos ni eras,
ni boticas, ni cachivaches, ni desbrozadoras.

Sucede que me canso de mis cepas y mis chiquitos
y mi Ebro y mi terruño.
Sucede que me canso de ser riojano.

Sin embargo sería el recoñobendito
amorar a una zagala con un atrapamoscas
o escobetear a un cachiberrio con una castaña.

Se cagaría la perra
ir por la Laurel con un correcalles rosado
y soplando abuelitos hasta endiñarla de calofrío.

No quiero seguir siendo yesca en la neblilla,
botarate, mangarrán, acuñándome de galbana,
hacia abrego, en las gordillas chirriadas de la viña,
morreando y cavilando, pintxeando cada día.

Ahí te quedas morral.
No quiero continuar de yesca y de enterroiro,
leto, dejándome de canso.

Equilicuá el día lunes prende como un polvorilla
cuando me ve allegar con mi cara de labradura
berrea en su vereda como un eje mayorenco
y da caracolillos de picado cristiano hasta alunarse.

Y me bota a ciertas rinconeras, a ciertas chozas frescas,
a zaguanes donde los remilgos salen por el ventanuco,
a ciertas abacerías con olor a zurracapote,
a callejas descarnadas como surcos.

Hay pisapatones de color tufo y podridos embuchados
calando de los portones de los hogares que aguachino.
Hay quijadas olvidadas en una bota,
hay sarmientos
que deberían haber esguarrado de sonrojo y cieno,
hay parras en todas partes y espantapastores y uvas.

Andurrio con pachorra, con cachava, con alpargatas,
con cabreo, trascordado,
andariego, cruzo huertas y casas de aperos,
y despensas donde hay almazuelas colgadas de una liza:
pantalonetas, delantales y pololos que lloran
avinagrados vinos picados.

SQUIRTING

La furiosa plata de tus fondos
—¡dicha líquida!—
desobediente en todas las fronteras
cubre de alas el instante.

AUTOLEXICOGRAFÍA

Una vez fui la palabra cangrejo,
y era naranja y fugitivo
por la trastienda de los pupitres.

Otra vez fui sombra,
pero se me pasó pronto:
ser sombra es tremenda tontería.

Cuando fui pavesa prendí la noche.
Cuando bailongo, ni Tony Manero
compitió en fiebre con mis caderas.

A veces era azul, y estaba muy bien:
azul eléctrico, azul marino, azul Chagall.

No niego que me gustaba
ser tobogán, verbena, enredadera.
Hasta luna fui, cuando fui cursi.

Nunca pude ser la palabra padre,
pero sí huérfano.
(Todos seremos la palabra huérfano
algún día).

Era divertido vestirse de hedonista,
de bon vivant, de feliciano.
Pero siempre me faltó un punto umbrío
para serlo de verdad.

Me gusta ser cantamañanas, vendehúmos
y las primas de su árbol semántico,
no ir dando la verdad como una vara:
disimular que tengo manías metafísicas.

Hoy me considero una almazuela:
retal cosido a otro retal,
vidriera de los pobres.

MANIFIESTO ESCAPISTA
(Un fantasma recorre la poesía:
el fantasma del escapismo)

Los escapistas, con nuestra firma líquida estampada en los pechos del viento, declaramos:

1. Que Houdini es nuestro dios tutelar, y brújula y ganzúa. Que hoy las cadenas de la literatura, con su bulimia postmoderna, ahogan la verdadera potencia del Ser: la imaginación.

2. Que nuestro único compromiso es con el viento. Que somos seres volanderos y la identidad es obsolescente.

3. Que, entre Apolo y Dioniso, escogemos a Hermes. Si hemos de alzar una antorcha divina, que sea en la frontera, en los viajeros que la cruzan.

4. Que pretendemos quemar el Instituto Cervantes, la Real Academia Española, la mismísima editorial Pepitas de Calabaza: de sus cenizas estará hecha la tinta que necesitaremos para escribir el nuevo evangelio efímero.

5. Que dos más dos son un gato en celo por los tejados.

6. Que Solemnidad delenda est; que los recitales al uso delenda sunt; que quousque tandem abutere, Poesía, patientia nostra?

7. Que en nuestro universo cuántico e inestable la única constante universal es el humor. Que preferimos la boutade a la ley, la ocurrencia a la certeza, las ventosidades a los gases nobles.

8. Que tú, ¡oh mujer fatal!, eres bendita entre todas las mujeres.

9. Que no queremos ser artistas sino pavesas: luciérnagas obreras condenadas a fundirse con la noche.

10. Que no hay nada más obsoleto que un manifiesto.

LOS PECHOS DE PATTI SMITH

«por dentro era aéreo»
Patti SMITH

¿QUÉ hago tecleando en Google:
l-o-s - p-e-c-h-o-s - d-e - P-a-t-t-i - S-m-i-t-h?

—Hay que ver, qué sofisticado se ha vuelto mi sátiro
[—pienso.
—¡El arte no es más que pornografía con buena prensa!
—vomita, mi heterónimo más outsider.
—Tú lo que quieres es echar un polvo
—dice mi daimon, con aire bufo, en mi interior.

No sé a qué ha venido eso de buscar
los pechos de Patti (dentro del poema, nos tuteamos)
ni por qué lo relaciono automáticamente con José Hierro
y su verso: «tengo estrellas en la frente».

Supongo que tendrá que ver
con la esquizofrenia del deseo
o será que nadie me advirtió
que leer poesía tiene contraindicaciones;
que ir en busca del mundo
solo te extravía.

¿Y qué es eso de pechos?
Si quería ir de lírico por la vida,
no hubiera sido mejor titular a este desvarío:
«Los senos nacarados de la cantante punki».

Pero céntrate un poco, Coke Martínez,
que el poema está por acabarse:

Patti Smith.
¿Han oído hablar de ella? Una mujer luminiscente.
Que tiene plumas de albatros en la garganta
y música jazz entre las entrepiernas.
Flor aérea o alas con espinas.
Con caballos que galopan por sus cuerdas vocales.
Dicen: «Fue novia de Rimbaud»,
y me lo creo.
Pero no tuvo suerte en el amor, la pobre Patti.
Sus canciones duraron más que sus amantes.

LA FLOR DE LOS FILÓLOGOS

La flor de los filólogos tiene hechuras de garabato. Hay quien compara su germinación con el humo de los cigarrillos, tal vez por cierta propensión a las volutas o por la infinita fascinación de las nubes, vete tú a saber.

Hierba del buen amor, juntaletras o cosita linda son otros de los nombres con que los filólogos las convocan en sus noches oscuras del alma.

Endémicas en las partes traseras de sus facultades, las riegan, a escondidas de gramáticos y lingüistas, con palabras familiares.

De entre toda la botánica mágica son, sin duda, las flores más esquivas.

EL DRON

ÍCARO robótico
que traes al naciente siglo
las viejas utopías aladas.
Insecto mecánico
que picas en el aire
al aire mismo.
Brote aéreo de la imaginación
que democratizas el vuelo.

Pero no son anhelos los que te crean,
son las piedras con sangre de sus manos
las que darán sentido a tu acrobacia:
para matar el hombre se refina.

Y no somos ángeles:
somos ceniza,
cera derretida.
Apenas merecemos
el sueño de volar.

HISTORIA DE UN FADO

A Ana, ¡qué paciencia tienes!

ELLA era Lisboa.
Su alma, dividida, se armaba en barrios.
Por la mañana
con su instinto marino
y su luz de Belém
miraba al mar como a una curva,
atrapada por los viajes que sí hizo.

Al atardecer
subía al Alto a bohemiar
y no necesitaba de parises ni belles epoques,
la calle era el mundo en miniatura.

La noche
le pillaba por Alfama
pescando laberintos y purezas,
porque todo es posible cerca del mar.

Y era sencilla como un helado,
secreta como una cala inaccesible,
libertaria como las velas de un barco,
¡cuánta feminidad sin tacones

por sus calles empedradas!

Leyendas de marinero
engendró en los hombres
que supieron verla.
La miraban como si fuera una saudade,
real pero lejana,
ternura en llamas
que poblaba sus imaginerías.

Sus ojos eran Byron y Pessoa.
¿Sus caderas?, los tejados rojos de los gatos.
Sus pechos eran un fado
y sus pies un tranvía amarillo.

Nicolás S. Sancha

NICOLÁS S. SANCHA (Logroño, 1994)

Cuando es verano, mi lugar son las rocas y remansos que vigilan los cauces del río, que se va secando de a poquito. En invierno el hogar, y en ocasiones, la casa amable de algún buen amigo y el abrigo de los otros. Si todo va bien, cualquiera de las calles o los parques de esta ciudad encantada. Y cuando el mundo parece deshacerse de su acostumbrada claridad, los bares últimos de la madrugada.

SOLSTICIO

APARECES tranquila y me deslumbras
con el destello negro de tus ojos.
Tropiezo enamorado, como un tonto,
y tu sonrisa apenas se insinúa
en una mueca absurda.
¿Qué te trajo a esta esquina
donde nos encontramos,
al mismísimo centro de mi mundo?
De nada te conozco,
de nada me conoces.
El tiempo se detiene y tú te esfumas
de la misma manera en que llegaste,
perdiéndote a lo lejos.
Solo queda un relámpago en mi pecho,
la quemazón del fuego mientras pienso
en todas las delicias
que abrasarán tu piel este verano.

1001 NOCHES

Por pasar una noche contigo
dejaría que me cortaras un dedo de la mano.
Dos noches, dos dedos,
tres noches, tres dedos
y así sucesivamente...
Pero después de 1001 noches,
mutilado el corazón
y desmembrado como un cerdo,
solo desearía que te marcharas
y que me devolvieras
todas y cada una de las partes
de mi comerciable cuerpo.

LA CIFRA DEL PASADO

Gastamos aquel tiempo compartido.
Pero no has de estar triste amor, no llores,
porque el viento que sopla entre las flores
restablece en el pecho tu latido.

Te pido no perdamos el sentido
al ver cómo se acercan, entre amores
nuevos —del barco estela entre vapores—
los días solo nuestros al olvido.

Como el verso grabado en la memoria
sonará con tu música el recuerdo.
Su eco será la cifra del pasado.

Todo prosigue lento y sin euforia
hacia el final, hacia su justo acuerdo,
hacia el mañana verde de algún prado.

DONDE LA LUZ SE APAGA

No quiero saber nada
de esos vagos encuentros de una noche
en los que no hay amor que justifique
la claridad del cuerpo que se entrega,
la nitidez impura del capricho.

No quiero vivir más
sin recordar tu nombre
apenas pronunciado.
Un nombre que se pierde en el brumoso
diluvio de los días,
dejando tu figura
desamparada y muda en mi memoria.

No quiero ser esclavo de mis hambres
ni del impulso atroz y primitivo
que me empuja al festín de la carroña,
cuando mis ojos sucios y vidriosos
buscan reflejo en otros ojos sucios
donde la luz se apaga.

No quiero ver morir
entre las vivas grietas de mi angustia
los ecos de una voz que me reclama

mientras nacen lagartos
allá por donde piso.

Pero tampoco quiero
deshacer el embrujo de saberme
dormido entre los brazos de cualquiera,
en una madrugada igual a otras,
desnudo e indefenso ante la noche.
Y no quiero tampoco
despedirme de toda la belleza
que alguna vez trenzaron los dedos de mis manos,
inseguros y torpes, encendidos,
ni del posible encuentro fortuito
que nos lleve a evocar aquella tarde
lejana como un sueño,
y la ilusión de estar en ese cuarto
nuevamente enlazados.

¡Ay, amores perdidos!,
lo que no pudo ser y nunca ha sido.
A vosotros mi canto,
por vosotros mi olvido.

LA TASCA DEL OLVIDO

En la lóbrega tasca del olvido
las promesas de los bebedores se amontonan,
porque son siempre un molesto peso
que añadir al zigzagueo de regreso a casa.
Allí las abandonamos
solo por seguir sintiéndonos ligeros.
Pero no queda espacio ya,
y cuando colmado el tugurio encontremos
de añejos compromisos incumplidos,
tendremos que buscar morada entonces
en calles donde no existe cobijo
y comenzar a cumplir lo prometido.

LIBÉLULA AZUL

A Javier San Román

Ocurre algunas veces
que todo nos parece suficiente,
cuando el amor domina nuestro centro
y sus delirios duermen.

Regreso a aquella tarde calurosa
del pasado verano.
Una conversación junto a la orilla
mientras el agua silba a nuestros pies
y el sol, adormecido, nos recuerda
que también las palabras
buscarán un refugio entre las piedras.

Ocurre algunas veces, pocas veces,
y nunca ha de durarnos mucho tiempo.

BERLINESCA

Las distancias aquí son demenciales
y el amor florecido es carne muerta.
Antes que la caricia es el olvido
y los amantes huyen sin confesar su pánico.
Todas las estaciones albergan la locura
bajo la marquesina esmerilada
que no permite ver el firmamento.

No hay un solo minuto
en el que no haya música presente,
ruido, rumor de calles en desorden.
Suena el metal chirriante en las aceras
y dentro del tranvía hay un fantasma
acuñando limosna para pagar su muerte.

Los débiles sucumben
al temblor de unos ojos cenicientos.
Millones de miradas
esconden un secreto bajo llave.

Las palabras me son desconocidas.
Los rostros son esquivos
como cuervos, palomas o gaviotas

volando confundidos
sobre sucios canales donde las sombras flotan.

La ciudad se sostiene en los alambres
mientras la noche anuncia sus peligros.

TURNO DE NOCHE

Son las cinco de la madrugada,
el cuerpo exangüe tras la jornada,
la interminable jornada laboral nocturna
paliando la sed de los insomnes
que se hacinan en el lado ocioso de la barra,
lejos de sus solitarios y olvidados hogares
a la espera de licores de ambrosía,
y rogando a la embriaguez si acaso
que los sueños les concedan sus deseos.

Son las cinco de la madrugada o las seis,
camino solo hacia mi casa, rendido,
con la sensación de quien ha perdido el tiempo
y mañana desperdiciará también el día.

HOY SALDRÉ A BEBER SOLO

Hoy saldré a beber solo
y tomaré cerveza en las terrazas
donde la gente ríe a carcajadas,
pregonando una fiesta que no es mía.
No quiero hablar con nadie,
pero mis ojos son como las luces
que aparecen al fondo de la noche,
donde el amor se escarcha,
y dejaré que el cielo al fin me arrastre
al calor de palabras sin objeto
y moriré si nace de unos labios
la rosa prometida del deseo.

Hoy saldré a beber solo,
porque así han de beber los mentirosos,
huyendo de la envidia y del placer
sobre el lomo de un potro imaginario
que avanza hacia adelante,
sin detenerse nunca.
Y volveré a ocultarme en bares sórdidos
donde no haya belleza que interrumpa
esta deriva triste y poderosa
que sin razón alguna se encarniza
aniquilando barcos.

Hoy saldré a beber solo
y quemaré los libros
donde siempre creí encontrar consuelo.
Porque de nada sirven esos libros
cuando el timón se astilla,
lacerando las palmas de mis manos.

Y nada de esto importa,
como tampoco importan la amistad
más generosa y pura
o la mujer que amé durante un sueño,
cuando el desorden llega sin anuncios
abriendo los cajones y las puertas,
rompiendo las ventanas a su paso
mientras brilla, repleto de cristales,
el suelo iluminado por la lluvia.
Nada de esto me importa,
y caminando solo en el regreso,
con sabor a derrota entre los dientes,
deshojaré las flores del silencio.

Hoy saldré a beber solo
y no seré juzgado.

CARTA INESPERADA

HAN pasado las noches de verano
y ahora septiembre empuja nuestra puerta.
Las horas se demoran en las tardes
en que algunas escenas van muriendo:
las gentes que pasean por la plaza
y ese rumor constante en las terrazas.
Pronto las hojas cubren las calzadas,
un aire frío llega, sin aviso,
como llega una carta inesperada,
y el invierno, nos dice, será largo.

Han cesado la música del agua
y el ritmo de los ríos bajo el puente.
Tendremos que esperar al año próximo
para volver al bosque o a las fuentes
donde el agua dimana de la piedra.

El campo y la ciudad nacen de nuevo,
irrumpen los horarios, la costumbre,
la oficina, la fábrica, la escuela,
y en el tedio evocamos el instante
de una playa, de un libro, de un amigo,
el Paseo y sus luces, la bahía
que las mareas fueron perfilando
con el suave compás de su conjuro.

Pero el futuro sigue en su lugar
y miramos sin miedo hacia adelante.
¿Cuál es del tiempo el peso? ¿Cuál su precio?

Los años pasarán como si nada,
y desconoceremos
el lugar donde fueron enterrados
los días imposibles y el amor.
Sin ninguna certeza, preguntaremos mudos
dónde quedaron nuestras ilusiones,
la fuerza y la pasión más arrojada,
dónde quedó ese tiempo detenido,
los juegos temerarios, la inocencia,
la mujer que llamaba a nuestra puerta.
Preguntaremos mudos
por qué se desplumaron
las alas desplegadas del destino
batiendo a nuestra espalda.

ÍNDICE

Se terminó de editar
en un «paraje claro
donde amanece en paz y todavía
se pueden evocar antiguos días
vividos en sus frutos de verano»,
un lugar que el poeta
Desiderio C. Morga
nos ayudó a encontrar.